Christina Koenig wurde in Westfalen geboren und lebt heute in einem brandenburgischen Dörfchen bei Rheinsberg. Sie hat verschiedene Berufe ausgeübt, war Mitglied eines Marionettentheaters und studierte in Berlin und Rio de Janeiro Film und Kommunikation. Heute schreibt sie mit Lust und Liebe Bücher und Drehbücher und freut sich über Post, die der Verlag gerne weiterleitet.

Dorothea Tust studierte in Wuppertal Grafik-Design mit dem Schwerpunkt Illustration. Seit 1980 ist sie freiberuflich als Illustratorin für verschiedene Verlage tätig. Sie arbeitet außerdem an Trickfilmprojekten und hat schon viele Bildergeschichten für „Die Sendung mit der Maus" gezeichnet.

Christina Koenig

Mit Zaubern macht die Schule Spaß

Illustrationen von Dorothea Tust

Bibliografische Information Der Deutschen Bibliothek
Die Deutsche Bibliothek verzeichnet diese Publikation
in der Deutschen Nationalbibliografie;
detaillierte bibliografische Daten sind im Internet
über *http://dnb.ddb.de* abrufbar.

ISBN 3-7855-4750-1 – 1. Auflage 2003
© 2003 Loewe Verlag GmbH, Bindlach
Umschlagillustration: Dorothea Tust
Redaktion: Rebecca Schmalz
Reihengestaltung: Angelika Stubner
Umschlaggestaltung: Andreas Henze

www.loewe-verlag.de

Inhalt

Schule oder Kuhstall?

Milli ist total verträumt. Egal, wo

Milli geht oder steht – sie träumt

mit offenen 👁 👁 . „Träum nicht

so viel", sagen Mama und Papa

immer. „Und nimm endlich deine

rosarote 👓 ab." Dabei hat Milli

doch gar keine 👓 auf!

Auch in der  träumt Milli.

Daran ist der kleine  Lebrix

schuld. Dauernd lenkt er Milli ab.

Heute hüpft Lebrix auf der

herum und schimpft wütend.

Er ist neidisch, weil die

in der  rechnen lernen.

Deshalb will er Millis

in einen  verwandeln.

Milli ist entsetzt. Sie muss

die  retten!

„Ene, mene, , ein  hier

macht zu viel ",

flüstert Milli. Und: „Ene, mene, mule,

wir brauchen unsere ."

Milli schaut sich um: Es klappt.

Die  bleibt eine .

Nicht eine einzige  taucht auf.

„Na, Milli, was meinst du dazu?",

fragt da plötzlich die  .

„Ich bin froh, dass die

kein  geworden ist",

antwortet Milli ehrlich.

Aber die  schüttelt den ,

und alle  lachen. Milli sollte

doch an der  vorrechnen.

Aber sie hat ja nicht aufgepasst.

Die Zauberbrille

Nach der  fährt Milli

mit dem  heim.

Vor dem großen gelben

muss sie aussteigen.

In einem  entdeckt Milli

eine , eine alte  und –

eine rosarote !

Milli stürmt durch die  .

Hinter der  steht ein alter  .

Ein blauer  saust über

seinem  um die  herum.

„Ich möchte gerne die rosarote

probieren", sagt Milli atemlos.

Und schon hat sie die

auf der . Aber was ist das?

Plötzlich steht alles still! Wie auf

einem ! Der alte  steht still,

der   auf der 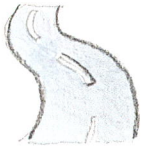 steht still –

selbst der  fliegt nicht mehr.

„Was ist denn hier los?", fragt Milli

unsicher. Aber der alte

antwortet nicht. Ob das etwa

an der  liegt? Am besten,

Milli setzt sie schnell wieder ab.

Kaum hat Milli die  von der

genommen, ist alles wieder normal.

Der alte  hinter der

bewegt sich, der  auch,

und der  fliegt wieder.

Milli kann es gar nicht glauben.

Diesmal hat sie nicht geträumt.

Diesmal hat sie richtig gezaubert!

Die  soll fünfzig  kosten.

Und genau fünfzig  findet Milli

in ihrer  .

Draußen auf der  setzt Milli

die rosarote  sofort wieder auf.

Zack, steht alles still. Die ,

die , die  und die .

Sogar die  an den

rauschen nicht mehr.

Plötzlich entdeckt Milli in einem

einen  mit , und weiter

hinten steht ein . Eben noch

sauste es mit  die

entlang.

Aber die rosa  hat auch

das  eingefroren.

„Ich helfe den ", beschließt Milli.

Sie rennt zum .

Der  sitzt reglos am .

Milli streckt ihm die  raus,

aber nichts passiert. Dann schnappt

sie schnell den  und versteckt

sich hinter einer 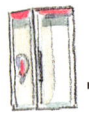. Gespannt

nimmt sie die rosa  ab.

Alles bewegt sich weiter.

Nur der  nicht. Der steht.

„So ein !", schimpft der

und sucht den . Aber da klicken

auch schon die .

Die  haben den  geschnappt.

Milli steht hinter der  und kichert.

Wenn die wüssten ...

Rechenzauber

In der  schaut Milli

aus dem  und träumt.

Der kleine  ist auch wieder da.

Heute sitzt Lebrix auf der  und

lässt die  baumeln. Natürlich

ist er immer noch neidisch.

Diesmal auf Millis neue .

„ her, oder ich zaubere dir

einen  an die  ", droht er

Milli. Aber Milli lässt sich nicht

einschüchtern. Sie weiß genau,

was sie tun muss.

Sie setzt ihre rosa  auf und

zupft die schwarze  vom

des . Ohne die kann Lebrix

nicht zaubern. Milli pustet die

aus dem offenen .

Milli setzt die  ab. Der

ist total sauer. Lebrix klettert aus

dem , rutscht die  hinab

und rennt der  nach. Aber die

ist bereits über alle .

„Setz dich hin, Milli!", schimpft

da die . Wieder soll Milli

an der  vorrechnen. Und

wieder hat sie nicht aufgepasst.

„Und?", fragt die  ungeduldig.

Ob Milli ihre  lieber wieder

aufsetzen soll? Sie überlegt und

sagt dann seelenruhig: „3 + 4 = 7."

„Richtig", sagt die  verdutzt.

Auch die  staunen.

Niemand lacht, und Milli ist

total froh. Endlich ist der

neidische  verschwunden,

und Milli kann wieder aufpassen.

Egal, ob mit  oder ohne.

Die Wörter zu den Bildern:

 Augen

 Dreck

 Brille

 Kuh

 Schule

 Lehrerin

 Kobold

 Kopf

 Schulbank

 Tafel

 Kinder

 Bus

 Kuhstall

 Haus

 Speck

 Schaufenster

 Trompete

 Foto

 Schreibmaschine

 Schornsteinfeger

 Tür

 Straße

 Kasse

 Cent

 Mann

 Schultasche

 Wellensittich

 Autos

 Lampe

 Fahrräder

 Nase

 Hunde

 Vögel

 Polizisten

 Blätter

 Lenkrad

 Bäume

 Zunge

 Lieferwagen

 Autoschlüssel

 Räuber

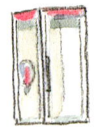 Telefonzelle

 Maske

 Mist

 Polizeiauto

 Handschellen

 Blaulicht

 Fenster

 Fensterbank

 Feder

 Beine

 Dachrinne

 Schweine-
schwanz

 Berge

Mit Bildern lesen lernen!